BEI GRIN MACHT SI
WISSEN BEZAHLT

- Wir veröffentlichen Ihre Hausarbeit,
  Bachelor- und Masterarbeit

- Ihr eigenes eBook und Buch -
  weltweit in allen wichtigen Shops

- Verdienen Sie an jedem Verkauf

Jetzt bei www.GRIN.com hochladen
und kostenlos publizieren

Bibliografische Information der Deutschen Nationalbibliothek:

Die Deutsche Bibliothek verzeichnet diese Publikation in der Deutschen National-
bibliografie; detaillierte bibliografische Daten sind im Internet über http://dnb.d-
nb.de/ abrufbar.

Impressum:

Copyright © 2020 GRIN Verlag
Druck und Bindung: Books on Demand GmbH, Norderstedt Germany
ISBN: 9783346162281

Dieses Buch bei GRIN:

https://www.grin.com/document/584744

Benjamin Reichenbach

Luxus und Selbstdarstellung post mortem. Römische Grabbauten und das soziale Kapital ihrer Bauherren

GRIN Verlag

GRIN - Your knowledge has value

Der GRIN Verlag publiziert seit 1998 wissenschaftliche Arbeiten von Studenten, Hochschullehrern und anderen Akademikern als eBook und gedrucktes Buch. Die Verlagswebsite www.grin.com ist die ideale Plattform zur Veröffentlichung von Hausarbeiten, Abschlussarbeiten, wissenschaftlichen Aufsätzen, Dissertationen und Fachbüchern.

Besuchen Sie uns im Internet:

http://www.grin.com/

http://www.facebook.com/grincom

http://www.twitter.com/grin_com

Albert-Ludwigs-Universität Freiburg im Breisgau

Philosophische Fakultät

Seminar für Alte Geschichte

Proseminar: ‚Aristokratische Herrschaft in der Römischen Republik'

Wintersemester 2019/2020

30. April 2020

Luxus und Selbstdarstellung post mortem

Römische Grabbauten und das soziale Kapital ihrer Bauherren

Vorgelegt von

Benjamin Reichenbach

HF: B.A. Geschichte

NF: B.A. Archäologische Wissenschaften

Semesteranzahl: HF-01/NF-01

Inhaltsverzeichnis:

1 Einleitung

Von des Lebens Gütern allen
ist der Ruhm das höchste doch.
Wenn der Leib in Staub zerfallen,
lebt der große Name noch.[1]

Dieses Zitat von Friedrich Schiller veranschaulicht die Ambivalenz zwischen dem Zerfall des Körpers und der postmortalen Existenz, welche ein *großer Name* mit sich bringen kann.

Diese Ambivalenz findet sich nicht nur in der Römische Republik, sondern ist Teil beinahe aller Gesellschaften. Sei es durch Kriege, unzureichende Hygiene oder schlechte Lebensmittelversorgung, die Todesthematik war in Rom ebenso omnipräsent, wie der Wunsch nach einem gesellschaftlichen Aufstieg, der durch die soziale Dynamik und den *cursus honorum* fortwährend verstärkt wurde. Diese Tendenzen führten dazu, dass der Tod selbst zu einem sozialen Ereignis wurde. Durch die *pompa funebris*, der Leichenzug, welcher der tatsächlichen Bestattung vorausging, erreichten die Angehörigen des Verstorbenen einen großen Teil der römischen Bürgerschaft und versuchten durch diese Prozession das soziale Kapital der Familie zu steigern[2]. Im Konkurrenzkampf um Ämter und Macht war der Umgang mit den Verstorbenen ein wichtiges Instrument, respektive eine bedeutende Form, sowohl der privaten als auch der öffentlichen Repräsentation. Um die sozialen Umstände der *Sepulkralkultur*[3] genauer zu erörtern, bezieht sich diese Arbeit auf den französischen Sozialphilosophen und Soziologen Pierre Bourdieu, dessen Theorie zu den Kapitalumwandlungen hier angewendet wird.

Während in der frühen und mittleren Republik noch Brandbestattungen die Regel waren, kamen in der späten Republik immer mehr Körperbestattungen auf[4]. Doch wie kam es zu dieser Veränderung in der Kultur des Bestattens? Um dies erklären zu können, lohnt es sich zunächst einen Blick auf das wachsende ökonomische Kapital der römischen Nobiles zu werfen.

---

[1] Schiller, F.: Gedichte, von Kurscheidt, Georg (Hrsg.), Frankfurt am Main 1992.
[2] Pol. Hist. VI, 53, 1; 54.
[3] „Die S. (von lat. *sepulcrum*, »Grab«; *sepulcralis*, »zum Grab gehörig«) umfasst alle Phänomene, die den Umgang der Menschen mit den Toten betreffen." Karsten, A.: Art. „Sepulkralkultur", Enzyklopädie Der Neuzeit Online. Brill Reference Online. Web. 29 Apr. 2020.
[4] Vgl. Toynbee, J.M.C.: Death and burial in the Roman World, Johns Hopkins paperback ed, Baltimore/ London 1996, S. 40.

Die Expansion und vor allem die damit verbundenen Kriege gegen Karthago und gegen Makedonien brachten der römischen Nobilität nach und nach eine erhebliche Mehrung ihres Wohlstandes ein[5]. Durch die makedonisch-römischen Kriege intensivierte sich zudem der Austausch der Römer mit der griechischen Kultur. Beispielsweise wurden Philosophen wie Polybius nach Rom deportiert, von bronzenen Statuen wurden Gipsabdrücke angefertigt, die nach Rom verschifft und dort von lokalen Bildhauern in Marmor nachgebildet wurden[6]. Auch die Architektur des hellenistischen Kulturkreises wurde in Teilen okkupiert[7]. Und so lag es auch nahe, Bereiche der griechischen Sepulkralkultur zu assimilieren.

Der immer weiter um sich greifende Luxus des römischen Senatsadels und der neureichen Kaufmänner führte jedoch auch zu Konflikten. Luxusgesetze bzw. im Grabkontext sogenannte „Funeralaufwandbestimmungen" sollten unter anderem die ausufernde Grabgestaltung begrenzen, wie dies auch schon zuvor eine der Tafeln des XII-Tafel-Gesetzes forderte[8].

Da in der bisherigen Forschung zumeist die archäologischen Funde mit den literarischen Quellen in Zusammenhang gebracht wurden und auf weitere Interdisziplinarität verzichtet wurde, fehlt eine entscheidende Komponente bei der Analyse der Grabbauten. Die soziologische Aufbereitung des Themas kann der Materie eine neue Tiefe geben und somit das Bild über die Gräber, die Sarkophage, Urnen und Gräberstraßen verändern. Bourdicus Arbeit zu den Kapitalumwandlungen eignet sich hierzu in besonderem Maße, da sie die finanziellen, kulturellen und sozialen Aspekte des Kapitals erörtert.

In welchem Zusammenhang der funerale Luxus der Nobilität zu der römischen Expansion steht und was mit der immer weiter fortschreitenden Monumentalisierung der Grabbauten erreicht werden sollte, ist das Thema dieser Hausarbeit. Zu Beginn wird sowohl die Quellen- und Forschungslage als auch die Kapitalstheorie von Pierre Bourdieu erläutert. Im darauffolgenden Kapitel soll die römische Expansion, sowie der damit einhergehende Wohlstand und die einsetzende Hellenisierung Roms, ab dem späten 3. Jh. bis zur Kaiserzeit erörtert werden. Die Bestattungsformen werden in Kapitel 2.4 erläutert. Kapitel 2.5 beschäftigt sich daraufhin mit den Grabmälern und der Sepulkralkultur. Diese wird wiederum im Zusammenhang mit der Theorie der Kapitalumwandlung von Pierre Bourdieu erörtert. Den Abschluss der Arbeit bilden das Resümee, sowie das Quellen- und Literaturverzeichnis.

---

[5] Vgl. Hölscher, T.: Römische Nobiles und hellenistische Herrscher, in: Akten des 13. Internationalen Kongresses für Klassische Archäologie, Berlin 1988, S. 73 – 84.
[6] Vgl. Dreyer, B.: Polybios, in: Der Neue Pauly (DNP), Bd. 10, Metzler, Stuttgart 2001, Sp. 41 – 48.
[7] Vgl. Hölscher: Römische Nobiles und hellenistische Herrscher, S. 73.
[8] Vgl. Düll, R.: Das Zwölftafelgesetz, Texte, Übersetzungen und Erläuterungen, München Heimeran Verlag, Tusculum-Bücherei, 1971, S. 71 – 74.

2 Luxus und Selbstdarstellung post mortem

2.1 Quellen- und Forschungslage

Antike literarische Quellen zu Begräbnissen und Grabmonumenten aus republikanischer Zeit sind nur in sehr geringem Maße zu finden. Beispielsweise liefert Cicero mit seiner Interpretation der XII-Tafel-Gesetze relativ detaillierte Auskünfte über die Bestattung im republikanischen Rom[9]. Darüber hinaus gibt es noch Berichte von Polybius über die *pompa funebris*, die zwar einen Teil des Bestattungsrituals darstellt, bei dieser Hausarbeit jedoch nur eine untergeordnete Rolle einnimmt.

Während die Grabmonumente selten Erwähnung in den antiken Quellen finden, spielen sowohl die römische Expansion, als auch der damit einhergehende Anstieg des Wohlstands innerhalb der Nobilität eine wichtige Rolle in den überlieferten Texten. Hier ist es ebenfalls Cicero, der durch den Briefwechsel mit seinem Freund Atticus einen Einblick in die finanzielle Lage der Nobilität gewährt. Dem Zusammenhang zwischen der Hellenisierung Roms und dem Aufkommen der römischen Grabmonumente im ausgehenden 3. Jh. v. Chr., widmet sich u.a. Tonio Hölscher mit seinem Aufsatz *Römische Nobiles und hellenistische Herrscher*.

Die neuzeitliche Forschung zu den Formen der Bestattung setzt 1637 mit der Arbeit Johannes Kirchmanns ein, der sich in seinem Werk *De funeribus Romanorum* mit einer großen Menge an historischen Quellen auseinandersetzt[10]. Erst zwei Jahrhunderte später erschienen weitere Werke zu diesem speziellen Thema der römischen Sitten- und Baugeschichte. Joachim Marquardt[11] und Hugo Blümner[12] sind hier mit ihren umfangreichen Abhandlungen zu dem Thema besonders hervorzuheben. In neuester Zeit sticht besonders das Werk von Jocelyn Toynbee *Death and Burial in the Roman world* heraus, da es versucht, die archäologischen Funde und Befunde mit den literarischen Quellen in Einklang zu bringen[13]. Hinzu kommen später weitere archäologische Aufbereitungen zu den Grabmonumenten und ihrer Form der Repräsentation, wie beispielsweise von Henner von Hesberg[14].

---

[9] Cic. de leg. 2, 23; 2, 24.
[10] Vgl. Kirchmann, J.: de funeribus romanorum libri quattuor, 4. Korrigierte Aufl., Frankfurt am Main 1672.
[11] Marquardt, J./ Brodersen, K.: Das Privatleben der Römer, in: von Mau, A. (Hrsg.): Handbuch der römischen Altertümer, Bd. VII, Darmstadt 2016, S. 340 – 385.
[12] Vgl. Blümner, H.: Die römischen Privataltertümer, München 1911, S. 482 – 510.
[13] Vgl. Toynbee: Death and Burial in the Roman World, S.40.
[14] Vgl. Von Hesberg, H.: Römische Grabbauten, Darmstadt 1992.

Um eine Rekonstruktion der Begräbnisse und der Grabmonumente zu erarbeiten, greift diese Hausarbeit auf eine Mischung aus zeitgenössischen Texten und Briefen sowie auf literarische und archäologische Forschungen zurück. Die daraus resultierenden Erkenntnisse werden mit der Kapitaltheorie Pierre Bourdieus verflochten, um dem Thema der Hausarbeit möglichst interdisziplinär gegenüberzutreten.

2.2 Methodik

Um die Zusammenhänge zwischen römischen Grabmonumenten und politischen Karrieren in republikanischer Zeit verstehen zu können eignet sich die Kapitalstheorie Pierre Bourdieus. Dieser war ein französischer Philosoph und Soziologe. Er befasste sich unter anderem mit der marxistischen Theorie im Zusammenhang mit gesellschaftlichen Unterschieden. Bourdieu entwickelte daraufhin ein Modell, welches durch drei Kapitalarten geprägt ist: ökonomisches, kulturelles und soziales Kapital. Die jeweilige Position einer Person im sozialen Raum hängt laut Bourdieu davon ab, wieviel diese Person von jedem Kapital besitzt und auf welche Ressourcen zurückgegriffen werden kann. Diese Position im sozialen Raum strukturiert wiederum den Habitus. Je höher die Position im sozialen Raum ist, desto größer ist das Repertoire an individuellen Handlungs- und Ausdrucksmöglichkeiten. Die jeweilige Kapitalart kann auch in andere Arten umgewandelt werden. Zum Beispiel kann mit ökonomischem Kapital soziales Kapital geschaffen werden, wie das Beispiel der römischen Grabbauten eindrucksvoll unter Beweis stellt[15].

2.3 Schaffung von ökonomischem Kapital durch Expansion

Das ökonomische Kapital der römischen Nobilität erreichte durch die militärische Expansion im 3. und 2. Jh v. Chr. eine neue Dimension, wie Tonio Hölscher in seinem Aufsatz *Römische Nobiles und hellenistische Herrscher* darlegt. Die nach und nach aufkommende extrovertierte Selbstdarstellung in den Grabmälern der republikanischen Zeit lässt sich erklären, wenn man sowohl den ökonomischen Boom, als auch die fortschreitende Expansion des römischen Imperiums im 3. und 2. Jh. v. Chr. betrachtet. Kriegsbeute wurde in hohem Maße aus den eroberten Gebieten nach Italien gebracht[16]. Die Angehörigen der römischen Kulturgemeinschaft

---

[15] Vgl. Bourdieu, P.: Ökonomisches Kapital, kulturelles Kapital, soziales Kapital, in: Kreckel, R. (Hrsg.): Soziale Ungleichheiten, Göttingen 1983, S. 183 – 198.
[16] Vgl. Errington, R. M.: Neue Forschungen zu den Ursachen der römischen Expansion im 3. und 2. Jahrhundert v. Chr., in: Historische Zeitschrift 250 (1990), H. 1., S.99 – 106.

assimilierten Teile der hellenistischen Kultur, die sie im Zuge des römisch-makedonischen Krieges kennengelernt hatten[17].

Inwiefern die Sepulkralkultur der Griechen die römischen Bestattungstraditionen veränderte, lässt sich nicht abschließend klären, da während der gesamten Römischen Republik verschiedene Arten der Bestattung erhalten blieben und auch die Grabmonumente teilweise einen eigenen Charakter aufwiesen. Auch der Einfluss von etruskischen Felsnekropolen spielte bei der Gestaltung der Grabmonumente – zumindest teilweise – eine Rolle. Es lässt sich jedoch festhalten, dass Rom spätestens ab dem 2. Jh. v. Chr. immer mehr zu einer Metropole mit hellenistischem Charakter wurde. Sowohl der Stil der öffentlichen Bauten, als auch die Sitte Statuen zu Ehren der erfolgreichen Feldherren aufzustellen, hatte ihren Ursprung in der griechischen Kultur[18]:

> Eines der wichtigsten Ergebnisse der römischen Archäologie in den letzten zwei Jahrzehnten ist die Erkenntnis, wie sprunghaft und durchgreifend Rom während der letzten Jahrhunderte der Republik zu einer hellenistisch geprägten Metropole umgestaltet wurde[19].

Da vor allem römische Nobiles von hellenistischen Einflüssen geprägt wurden, liegt es nahe, dass zumindest diese Schicht der Gesellschaft auch Teile der griechischen Sepulkralkultur okkupierten.

2.4 Bestattungsformen

Nach der Errichtung der ersten römischen Stadtmauer durch Servius Tullius, bildeten sich um Rom eine Reihe von Nekropolen. Zwischen dem 6. und 3. Jh. v. Chr. änderte sich in der Gestalt dieser Friedhöfe zunächst noch wenig. Während dieser Zeit wurden die Leichen meist per Erdbestattung beigesetzt.

Inhumatio, die Körperbestattung, war die ursprüngliche Praxis, die bereits zur Zeit der Könige am häufigsten angewendet wurde[20]. Wie sowohl Plinius der Ältere als auch Tacitus, die zwar keine Zeitzeugen waren, jedoch trotzdem über die republikanische Zeit schrieben, als auch die archäologischen Funde berichten, kam es ab dem 4. Jh. v. Chr. zu einem Wandel: Weg von der *inhumatio* und hin zur Feuerbestattung[21]. Tacitus verwendete sogar den Begriff *mos Romanus* in Zusammenhang mit der Leichenverbrennung, als die mehrheitlich angewandte Form der Bestattung[22]. Laut Ian Morris kann jedoch weniger von einem konkreten Wandel die Rede sein,

---

[17] Vgl. Hölscher: Römische Nobiles und hellenistische Herrscher, S. 73.
[18] Vgl. Zanker, P.: Hellenismus in Mittelitalien, in: Kolloquium in Göttingen vom 5. bis 9. Juni 1974, Göttingen, 1976.
[19] Vgl. Hölscher: Römische Nobiles und hellenistische Herrscher, S. 73.
[20] Plin. nat. NH 7, 187, 55.
[21] Vgl. Schrumpf, S.: Bestattung und Bestattungswesen im Römischen Reich. Ablauf, soziale Dimension und ökonomische Bedeutung der Totenfürsorge im lateinischen Westen, Diss. Göttingen 2006, S. 68 – 71.
[22] Vgl. Ebd.

sondern eher von wellenartig verlaufenden Erscheinungen in der Sepulkralkultur. Er geht von der Körperbestattung als vorherrschende Form zwischen 450 v. Chr. und 200 v. Chr. aus. Das Verbrennen der Leichen soll dann wiederum 300 Jahre lang die vorherrschende Bestattungsform gewesen sein, bevor sie abermals von der Körperbestattung abgelöst wurde[23]. Die Veränderungen in der Sepulkralkultur waren jedoch nie homogener Natur, stattdessen waren die Gebräuche im Zuge der Bestattung innerhalb der Gesellschaft sehr unterschiedlich.

Das kulturelle Kapital, das sich viele römische Nobiles durch den Krieg und dem daraus resultierenden kulturellen Austausch mit der griechischen Kultur aneigneten, könnte zudem dazu geführt haben, dass nicht mehr nur schlichte Erdgräber zur Bestattung verwendet wurden, sondern dass ab dem 2. Jh. v. Chr. auch Grabmonumente entstanden. Teile der römischen Nobiles besaßen außerdem ein erhebliches ökonomisches Kapital, was ihnen überhaupt erst die Möglichkeit offerierte monumentale Grabbauten zu errichten. Große Teile der Gesellschaft waren allerdings nicht in der finanziellen Lage solche Bauten zu errichten und könnten auch aus diesem Grund weiterhin auf die Feuerbestattung mit anschließender Erdbeisetzung zurückgegriffen haben. Auch die Brandbestattung konnte jedoch mit hohen Kosten verbunden sein, wenn in der jeweiligen Region Holz eine Mangelware war. Die Kosten eines architektonisch geplanten und aus Stein errichteten Monuments erreichte die Feuerbestattung in der Regel dennoch nicht. Unabhängig davon wurde sowohl bei der *inhumatio* als auch bei der Brandbestattung der Leichnam zuweilen mit einer Fülle von Beigaben ausgestattet, wie archäologische Funde bezeugen[24].

Plinius der Ältere berichtet von *multae familiae,* die den Brauch der *inhumatio* weiterhin pflegten[25]. Eine dieser Wohlhabenden Familien, die *gens Cornelia,* bestattete ihre Angehörigen in Sarkophagen, wie beispielsweise das Grabmal der Scipionen eindrucksvoll unter Beweis stellt[26]. Erst der Leichnam Sullas wurde 78. v. Chr. nicht mehr nach dieser Tradition bestattet, sondern verbrannt[27]. Die Abkehr von dem *ritus priscus* hatte jedoch laut Henner von Hesberg spezifische Gründe, da davon auszugehen war, dass der Leichnam geschändet werden würde, wie es bereits bei anderen politisch polarisierenden Persönlichkeiten geschehen war[28].

Warum es ab dem 4. Jh. v. Chr. zu dem Wandel in der Funeralkultur kam, kann nicht abschließend geklärt werden, wobei finanzieller, hygienischer und nicht zuletzt politischer Pragmatismus vermutlich die ausschlaggebenden Gründe gewesen sind. Letztlich existierten beide

---

[23] Vgl. Morris, I.: Death-ritual and social structure in classical antiquity, Cambridge/ New York 1992, S. 47.
[24] Vgl. Von Hesberg: Römische Grabbauten, S. 19.
[25] Plin. nat. NH 7, 187, 55.
[26] Vgl. Von Hesberg: Römische Grabbauten, S. 22.
[27] Vgl. Schrumpf: Bestattungswesen im Römischen Reich, S. 70f.
[28] Vgl. Ebd.

Bestattungsformen über den gesamten Zeitraum der Römischen Republik in unterschiedlich ausgeprägter Form weiter[29]. Die XII-Tafel-Gesetze berücksichtigten beide Bestattungsformen zu gleichen Teilen.

Mos Romanus, im Zusammenhang mit der Feuerbestattung, bezieht sich somit auf die durchschnittlich praktizierte Form der Bestattung eines römischen Bürgers. Zudem wurden die Leichen zum Teil verbrannt und dann in kleine Nischen innerhalb eines Grabbaus gestellt, um sie den Angehörigen weiterhin sichtbar zugänglich zu machen. Die Grabbauten, in denen die Urnen standen, wurden jedoch im Laufe der Römischen Republik immer gewaltiger, wodurch sich ein Zusammenhang mit dem wachsenden ökonomischen Kapital der elitären Schicht herstellen lässt.

2.5 Grabbauten als soziales Kapital

Aus der Zeit der mittleren Republik sind wenige Gräber erhalten. Eine der Ausnahmen bildet das Grabmal der Scipionen. Es handelt sich hierbei um ein Kammergrab mit prominenter Lage an der Via Appia. Errichtet wurde es vermutlich zu Beginn des 3. Jh. v. Chr. und diente der Familie der Cornelier als Familiengruft. Zu Beginn war die Grabanlage, in Anlehnung an frühere etruskische Felsnekropolen, ohne aufwendige Fassade in den Felsen getrieben[30]. Nach dem zweiten punischen Krieg errichtete man schließlich eine Fassade in Aediculaform, mit in den Nischen befindlichen lebensgroßen Statuen. Eine Besonderheit des Grabmals stellt der Sarkophag dar, welcher im Zentrum des Mausoleums stand und heute in den Vatikanischen Museen zu finden ist. Bestattet wurde dort Lucius Cornelius Scipio Barbatus, der Konsul des Jahres 298 v. Chr.[31]. Der Barbatussarkophag mit seinem dorischen Fries, der Altarplatte und den Rosetten, die als Metopenfüllung dienen, hat durch ebendiese Formen klare Bezüge zur griechischen Kultur[32]. Während die anderen Sarkophage der Grabanlage nur als tatsächliche Grabstätten fungierten, diente der Sarkophag des Barbatus auch als Ehrendenkmal und vermutlich gar als Kenotaph, wie sich dem Elogium entnehmen lässt[33]. In der griechischen Kultur gab es bereits seit geraumer Zeit einen Heroenkult.[34] Der Sarkophag spricht also für ein vorhandenes Verständnis der Scipionen von der griechischen Sepulkralkultur.

---

[29] Plin. nat. NH 7, 187, 55.
[30] Vgl. Von Hesberg: Römische Grabbauten, S. 22.
[31] Vgl. Saladino, V.: Der Sarkophag des Lucius Cornelius Scipio Barbatus, in: Beiträge zur Archäologie, Bd. 1, Würzburg 1970, S. 15.
[32] Vgl. Saladino: Der Sarkophag des Lucius Cornelius Scipio Barbatus, S. 23f.
[33] Vgl. Saladino: Der Sarkophag des Lucius Cornelius Scipio Barbatus, S. 21.
[34] Vgl. Saladino: Der Sarkophag des Lucius Cornelius Scipio Barbatus, S. 24.

Ein weiteres Beispiel für den griechischen Einfluss auf die funeralen Bräuche der Römer stellen die aus dem 3. Jh. v. Chr. stammenden Gräber *Tomba Gigliolo* in Tarquinia sowie die *Tomba dei rilievi* in Caere dar. Die Waffenfriese wurden als Repräsentation der Kriegstüchtigkeit des Verstorbenen verwendeten und knüpften somit an die alte griechische Tradition, der Ausstellung von erbeuteten Waffen an[35].

Grabbauten wurden in dieser Zeit in der Regel von Familien der politischen Führungsschicht errichtet[36]. Dass die Bauten immer prächtigere Ausmaße annahmen, lag unter anderem an dem wachsenden ökonomischen Kapital der politischen Elite[37]. Diese orientierte sich in der Bauweise der Gräber unter anderem an den hellenistischen Königsgräbern und den bürgerlichen Mausoleen, die auf Rhodos, Milet und anderen Orten der griechischen Welt ab dem 4. Jh. v. Chr. immer häufiger erschienen[38].

Im Rom der mittleren Republik konnte bereits ein Bauplatz für das spätere Grabmal eine Ehrung für politische oder militärische Erfolge darstellen[39]. Die Lage spielte zudem eine wichtige Rolle für das Repräsentationsbedürfnis der römischen Nobiles. So schrieb Cicero in einem Brief an Atticus, dass er sich für seine verstorbene Tochter einen Grabplatz wünsche, der *celebrrimo loco* liegt, also in einer exponierten Lage und für Besucher und Passanten gut einsehbar war[40]. In einem weiteren Brief erwähnt er zudem die Kosten des Bauplatzes. Diese beliefen sich auf 1.000.000 Sesterzen[41]. Von Hesberg vermutet, dass besonders gut gelegene Bauplätze als Spekulationsobjekte für wohlhabende Schichten dienten[42]. Wenn auch das Beispiel Ciceros nicht zwangsläufig repräsentativ für die Gesamtheit der römischen Nobilität steht, so gewährt diese Quelle einen Einblick in die Gedankenwelt – zumindest in einen Teil – der wohlhabenden Schicht der Gesellschaft. Durch den Zugang der Plebejer in den *cursus honorum* verschärfte sich der Konkurrenzkampf um Ämter zusehends. Die Umwandlung von ökonomischem Kapital in soziales Kapital stellte eine wichtige Voraussetzung dar, um das Ansehen der Familie in der römischen Bevölkerung aufrecht zu erhalten. Wie das Beispiel Ciceros zeigt, wurde ein Grabbau somit für Angehörige der römischen Nobilität ein wichtiges Prestigeobjekt. Wie bei anderen Bauten im öffentlichen Raum bietet ein Grabbau die Chance zur Selbstdarstellung. Diese wurde von den römischen Bauherren gerne in Anspruch genommen. So sollten durch die Monumentalität des

---

[35] Vgl. Hölscher: Römische Nobiles und hellenistische Herrscher, S. 75.
[36] Vgl. Von Hesberg: Römische Grabbauten, S. 25.
[37] Vgl. Ebd.
[38] Vgl. Ebd.
[39] Vgl. Von Hesberg: Römische Grabbauten, S. 5.
[40] Cic. ad Att. 12, 22.
[41] Cic. ad Att. 12, 22.
[42] Vgl. Von Hesberg: Römische Grabbauten, S 6.

Baus die militärischen und oder zivilgesellschaftlichen Verdienste nach außen getragen werden. Beispielhaft für die aufkommenden römischen Grabmonumente ist hier abermals das Grabmal der Scipionen. Von Hesberg beschreibt den Prunk des Baus wie folgt:

> Den Prunk steigerte noch die Bemalung der Podienfläche mit Szenen aus den kriegerischen Erfolgen aus den Familien [...] Statuen zur Ehrung der Verstorbenen hatten ihren Platz in Nischen zwischen den Säulen [...] Erzählende Bilder kündeten ebenso wie die rühmenden Inschriften von den Taten der Familien und einzelne Ehrenstatuen führten ihre prominenten Mitglieder und Ennius als einen befreundeten Dichter vor.[43]

Solche Darstellungen kannte man sonst von öffentlichen Bauten oder vom Forum. Von Hesberg hält die prunkvolle Fassade des Scipionengrabes für keinen Einzelfall[44]. Der 183 v. Chr. verstorbene Cornelius Scipio Africanus Maior ließ sich neben seinem Anwesen bei Liternum ein Grabmal errichten. Livius berichtet über dieses Grabmal, speziell über eine Statue und einen Altar, die zu einem bemerkenswerten Monument gehört haben müssen. Es bestand aus einer geschlossenen Cella und einer von Säulen getragenen Vorhalle, wie sie bei Tempeln vorkommen[45].

Folglich wurden die Grabbauten immer mehr zu einem Spiegel für die soziale Hierarchie der Gesellschaft. Größe, Lage und Ausstattung des Grabbaus zeigten der Öffentlichkeit den sozialen Rang des Verstorbenen und seiner Angehörigen. Soziales Kapital wurde auf diese Weise durch die funerale Ebene nach außen kommuniziert. Bei den Bestattungen wurden auch die verschiedenen Gesellschaftsgruppen strikt voneinander getrennt. Dass in einem Grab neben den Familienangehörigen auch Sklaven oder Freigelassene bestattet wurden, war in der Regel ausgeschlossen. Angehörige dieser Gruppen erhielten eigene Grabanlagen, die weit weniger monumental ausfielen[46].

Am Ende des 2. Jh. v. Chr. begann die Krise der Bürgerkriege. Die römische Expansion schaffte es nicht, die sozialen Probleme im italienischen Stammland zu lösen und die Unterschiede zwischen den sozialen Schichten wurden immer größer[47]. Des Weiteren hatte sich der Kampf um Positionen innerhalb der Nobilität zunehmend verschärft. Unter anderem sorgten die Machtansprüche Einiger dafür, dass die Selbstdarstellung noch stärker in die Öffentlichkeit getragen wurde. Zudem ließen auch immer mehr Freigelassene und andere aufstrebende Bevölkerungsteile Grabmonumente errichten[48]. Für die Aristokraten bedeutete dies einen zusätzlichen Konkurrenzkampf um die Zurschaustellung von sozialem Kapital. Als Reaktion

---

[43] Vgl. Von Hesberg: Römische Grabbauten, S 6.
[44] Vgl. Von Hesberg: Römische Grabbauten, S. 23.
[45] Liv. 38, 56, 1.
[46] Vgl. Von Hesberg: Römische Grabbauten, S. 231.
[47] Vgl. Von Hesberg: Römische Grabbauten, S. 26.
[48] Vgl. Ebd.

begannen Teile der Nobiles sich neue Formen von Grabbauten errichten zu lassen. Tumulusgräber oder auch Pyramidengräber tauchen in der Folge häufiger auf[49].

Mit dem Ende der Republik endet jedoch nicht die Zunahme von monumentalen Gräbern. Im Gegenteil, die Zahl der Bauten stieg in den nächsten Jahrhunderten extrem an. Die Gräberstraßen wurden immer monumentaler und auch die *inhumatio* erlebte eine weitere Renaissance. Die Umwandlung von ökonomischem Kapital in soziales Kapital und der damit verbundene oder zumindest erhoffte Prestigegewinn begleitet die Menschen bis heute.

3 Resümee

Die Kapitalumwandlungen, von denen Pierre Bourdieu in den 1980er Jahren schrieb, sind nach wie vor ein Modell, das zum Verständnis der individuellen Handlungsweisen in der Moderne beiträgt. Die Möglichkeit der Übertragung auf die Antike und in diesem Fall auf die Funeralkultur der Römischen Republik, spricht für die Theorie als eine universal anwendbare Schablone auf das menschliche Dasein. Als weiteren Forschungsansatz könnte man die Ämterlaufbahn und die darin befindlichen Ungleichheiten in Bezug auf Bildung als kulturelles Kapital, mit den heutigen Problemen in der Bildungs- und Sozialpolitik der Bundesrepublik Deutschland vergleichen. Die Interdisziplinarität der Forschung, bietet nicht nur in diesem Fall ein großes Potential.

Interessant wäre es außerdem die Funeralaufwandbestimmungen auf soziologische und psychologische Weise zu untersuchen, da man an diesen erkennen konnte, wie sich Teile der Gesellschaft gegen den ausufernden Luxus in der Sepulkralkultur zu stemmen versuchten.

In der heutigen Zeit finden sich private Mausoleen und Familiengrüfte besonders bei wohlhabenden Familien. Der griechische Heroenkult und die postmortale Verehrung einer Person wurden nicht nur von der römischen Gesellschaft adaptiert, stattdessen sind sie auch in der Moderne nicht weniger präsent als vor mehr als 2000 Jahren. Man denke hierbei beispielsweise an das Lenin-Mausoleum auf dem Roten Platz in Moskau. Dass Rom im Laufe der Zeit immer mehr hellenisiert wurde, bezeugen archäologische Funde und literarische Quellen. Meist waren es auch hier zunächst die gebildeten und wohlhabenden Schichten der Gesellschaft, die sich der griechischen Kultur annahmen. Ob diese Entwicklung auf ausschließlich positive Resonanz bei den Römern stieß oder ob die Hellenisierung auch von Teilen der Gesellschaft abgelehnt wurde, wäre eine interessante Frage für weitere Forschungen.

---

[49] Vgl. Von Hesberg: Römische Grabbauten, S. 27.

Zusammenfassend lässt sich sagen, dass die Grabbauten, welche ab der mittleren Republik immer mehr Einzug in die römische Sepulkralkultur hielten, dem sozialen Kapital ihrer Bauherren dienen sollten. Der nach Schiller *große Name*, welcher auch die Zeit noch überdauert, wenn der *Leib in Staub zerfallen* ist, war ein essentieller Bestandteil des Konkurrenzkampfes innerhalb der römischen Nobilität. So sollte der Name einer Familie den Menschen in Erinnerung bleiben, ganz gleich wie lange der Tod des Verstorbenen zurücklag, was auch die Monumentalität des Scipionengrabes beispielhaft beweist. Der Versuch, die Mitbewerber im *cursus honorum* auch in der Monumentalität der Grabbauten zu übertreffen, um den kommenden Generationen eine bessere Chance in der Ämterlaufbahn zu verschaffen, liegt nahe und scheint im Kontext mit den Kapitaltheorien sehr plausibel. Während die *pompa funebris* eine einmalige Leichenprozession war, die jedoch eine starke Aufmerksamkeit generierte, waren die Grabbauten mit ihren häufig exponierten Lagen Denkmäler, welche für die Ewigkeit geschaffen wurden.

4 Quelleneditionen

Cic. ad Att. 12, 22, übers. v. Kasten, H., München 1959.

Cic. de leg. 2, 23; 2, 24, übers. v. Görler, W./ Ziegler, K., Freiburg 1979.

Liv. 38, 56, 1, übers. v. Hillen, H. J., München/ Zürich 1998.

Plin. nat. NH 7, 187, 55, übers. v. König, R., Zürich/ Düsseldorf 1996.

Pol. Hist. VI, 53, 1; 54, übers. v. Waterfield, R., New York 2010.

5 Literaturverzeichnis

Blümner, H.: Die römischen Privataltertümer, München 1911, S. 482 – 510.

Bourdieu, P.: Ökonomisches Kapital, kulturelles Kapital, soziales Kapital, in: Kreckel, R. (Hrsg.): Soziale Ungleichheiten, Göttingen 1983, S. 183 – 198.

Dreyer, B.: Polybios, in: Der Neue Pauly (DNP), Bd. 10, Metzler, Stuttgart 2001, Sp. 41 – 48.

Düll, R.: Das Zwölftafelgesetz, Texte, Übersetzungen und Erläuterungen, München Heimeran Verlag, Tusculum-Bücherei, 1971, S. 71 – 74.

Errington, R. M.: Neue Forschungen zu den Ursachen der römischen Expansion im 3. und 2. Jahrhundert v. Chr., in: Historische Zeitschrift 250 (1990), H. 1., S.99 – 106.

Von Hesberg, H.: Römische Grabbauten, Darmstadt 1992.

Hölscher, T.: Römische Nobiles und hellenistische Herrscher, in: Akten des 13. Internationalen Kongresses für Klassische Archäologie, Berlin 1988, S. 73 – 84.

Karsten, A.: Art. „Sepulkralkultur", Enzyklopädie Der Neuzeit Online. Brill Reference Online. Web. 29 Apr. 2020.

Kirchmann, J.: de funeribus romanorum libri quattuor, 4. Korrigierte Aufl., Frankfurt am Main 1672.

Marquardt, J./ Brodersen, K.: Das Privatleben der Römer, in: von Mau, A. (Hrsg.): Handbuch der römischen Altertümer, Bd. VII, Darmstadt 2016, S. 340 – 385.

Morris, I.: Death-ritual and social structure in classical antiquity, Cambridge/ New York 1992, S. 47.

Saladino, V.: Der Sarkophag des Lucius Cornelius Scipio Barbatus, in: Beiträge zur Archäologie, Bd. 1, Würzburg 1970, S. 15.

Schiller, F.: Gedichte, von Kurscheidt, G. (Hrsg.), Frankfurt am Main 1992.

Schrumpf, S.: Bestattung und Bestattungswesen im Römischen Reich. Ablauf, soziale Dimension und ökonomische Bedeutung der Totenfürsorge im lateinischen Westen, Diss. Göttingen 2006, S. 68 – 71.

Toynbee, J.M.C.: Death and burial in the Roman World, Johns Hopkins paperback ed, Baltimore/ London 1996, S. 40.

Zanker, P.: Hellenismus in Mittelitalien, in: Kolloquium in Göttingen vom 5. bis 9. Juni 1974, Göttingen, 1976.